Español
Geografía

¿Cómo nos orientamos?

por Sarah De Capua

Consultora
Nanci R. Vargus. Ed.D.
Profesora asistente de lectura
Universidad de Indianápolis, Indianápolis, Indiana

Traductora
Eida DelRisco

Children's Press®
Una división de Scholastic Inc.
Nueva York Toronto Londres Auckland Sydney
Ciudad de México Nueva Delhi Hong Kong
Danbury, Connecticut

Diseñador: Herman Adler Design
Investigadora de fotografías: Caroline Anderson
La foto en la cubierta muestra una familia mirando un mapa.

Información de Publicación de la Biblioteca del Congreso de los EE.UU.

De Capua, Sarah
  [We need directions! Spanish]
  Cómo nos orientamos / escrito por Sarah De Capua.
     p. cm. − (Rookie español geografía)
  Resumen: Una introducción a los puntos cardinales y a cómo encontrarlos usando
una brújula, el Sol y un mapa.
     ISBN 0-516-24442-6 (lib. bdg.)   0-516-24691-7 (pbk.)
  1. Puntos cardinales–Literatura juvenil. [1. Puntos cardinales. 2. Orientación.
3. Materiales en lengua española.] I. Título. II. Series.
  G108.5.C3D418 2004
  912'.01'4-dc22
                                              2003016724

¿Has estado alguna vez en un auto con adultos que estuvieran perdidos?

Quizás hayan usado un mapa para averiguar qué camino seguir.

5

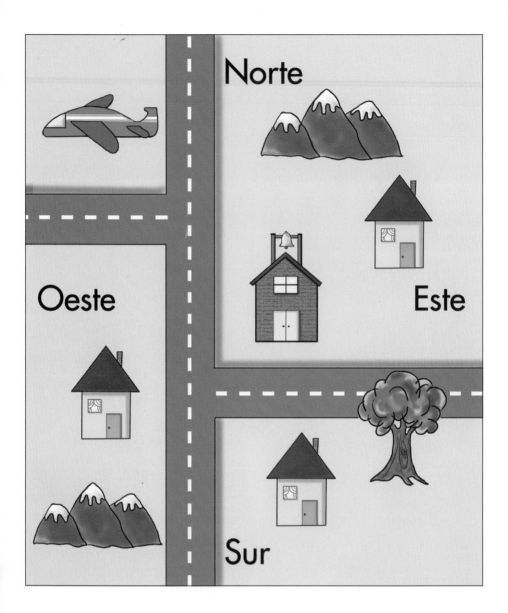

Norte

Oeste

Este

Sur

6

Los mapas muestran los
puntos cardinales: norte,
sur, este y oeste. Éstas son
las cuatro direcciones
principales.

El norte está en la parte
de arriba del mapa. El sur
está en la parte de abajo.
El este y el oeste están
a los lados.

Mira un mapa o un globo
terráqueo. ¿Puedes encontrar
la rosa de los vientos?

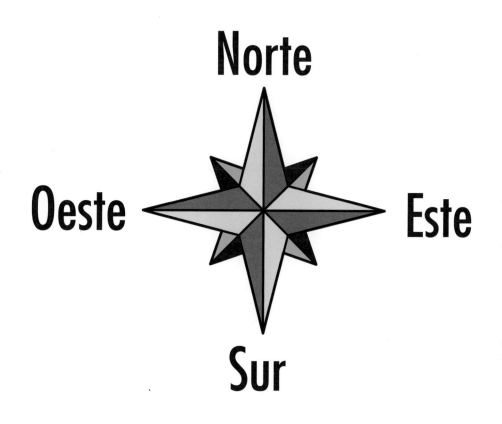

Norte

Oeste

Este

Sur

La rosa de los vientos apunta
al norte, al sur, al este y al oeste.

9

Mira la rosa de los
vientos en este mapa.

¿Qué dirección tomarías
para ir de la escuela
a la biblioteca?

Si dijiste al norte,
¡tienes razón!

No necesitas un mapa ni un globo para averiguar dónde están los cuatro puntos cardinales. Puedes encontrarlos tú solo.

Mira por donde sale el Sol
en la mañana. Esa parte
del cielo se llama este.

Mira por donde se pone
el Sol en la tarde. El Sol
siempre se pone por el oeste.

Párate con la mano derecha
apuntando hacia el este
(por donde sale el Sol).
Con la mano izquierda,
apunta hacia el oeste (por
donde se pone el Sol).

Estás de frente al norte.

Norte

Oeste

Este

Sur

Norte

Oeste  Este

Sur

Date la vuelta. Ahora, apunta con tu mano izquierda hacia el este. Apunta con tu mano derecha hacia el oeste.

Estás de frente al sur.

Imagina que estás perdido. No tienes un mapa. No sabes dónde están el este ni el oeste. ¿Qué puedes hacer?

Puedes usar una brújula. La flecha de la brújula siempre apunta hacia el norte.

Los excursionistas usan las
brújulas para encontrar el camino.

Algunos autos tienen incorporadas brújulas que muestran la dirección en que viaja el auto.

Mira un mapa de tu ciudad.
Busca la calle donde vives.
¿En qué dirección está
tu escuela?

¿Qué dirección tomas para llegar a la estación de policía?

Ahora que conoces las cuatro direcciones principales, puedes encontrar el camino a casi cualquier lugar.

Palabres que sabes

brújula

Norte

Oeste — Este

Sur

rosa de los vientos

este

globo terráqueo

30

mapa

norte

sur

oeste

Índice

Acerca de la autora

Sarah de Capua es autora y editora de libros para niños. Reside en Colorado.

Crédito de las fotografías